Bibliografische Information der Deutschen Nationalbibliothek:

Die Deutsche Bibliothek verzeichnet diese Publikation in der Deutschen National-
bibliografie; detaillierte bibliografische Daten sind im Internet über http://dnb.d-
nb.de/ abrufbar.

Impressum:

Copyright © 2018 GRIN Verlag
Druck und Bindung: Books on Demand GmbH, Norderstedt Germany
ISBN: 9783346057648

Dieses Buch bei GRIN:

https://www.grin.com/document/507633

Fridolin Lange

Motivation und Arbeitszufriedenheit

Sind Belastungen und Krankheiten am Arbeitsplatz durch Motivation und Arbeitszufriedenheit vermeidbar?

GRIN Verlag

GRIN - Your knowledge has value

Der GRIN Verlag publiziert seit 1998 wissenschaftliche Arbeiten von Studenten, Hochschullehrern und anderen Akademikern als eBook und gedrucktes Buch. Die Verlagswebsite www.grin.com ist die ideale Plattform zur Veröffentlichung von Hausarbeiten, Abschlussarbeiten, wissenschaftlichen Aufsätzen, Dissertationen und Fachbüchern.

Besuchen Sie uns im Internet:

http://www.grin.com/

http://www.facebook.com/grincom

http://www.twitter.com/grin_com

Motivation und Arbeitszufriedenheit

Gliederung

1. Einleitung sowie Ziel und Aufbau dieser Arbeit

Motivation und Arbeitszufriedenheit hängen eng miteinander zusammen. Die Unternehmen haben verstanden, dass es wichtig ist, die Mitarbeiter durch unterschiedliche Maßnahmen zu motivieren, um die Freude an der Arbeit und die Zufriedenheit mit ihr hochzuhalten. Mitarbeiter legen heute mehr Wert auf Freizeit und Familie und aus diesem Grund werden Gesichtspunkte wie Work-Life-Balance, die einen Ausgleich zwischen Arbeit und Familie schaffen, immer wichtiger.

Diese Hausarbeit wird auf die Motivation und Arbeitszufriedenheit im beruflichen Alltag eingehen, die Begriffe Motivation und Arbeitszufriedenheit definieren und aufzeigen, dass verschiedene Definitionsansätze in Bezug auf die beiden Begriffe existieren. Außerdem soll sie den Zusammenhang zwischen Motivation und Arbeitszufriedenheit in Bezug auf die Arbeitsleistung im Unternehmen herstellen. Ich werde im Verlauf meiner Hausarbeit auch auf das Problem eingehen, ob die Belastungen und Krankheiten am Arbeitsplatz durch die Motivation und Arbeitszufriedenheit zu verhindern sind.

2. Die Problemstellung der Motivation und Arbeitszufriedenheit in Unternehmen

In unserer heutigen Zeit, in der es schwierig ist für Arbeitnehmer, gute und qualifizierte Fachkräfte zu finden, verschärft der demografische Wandel die Personallage zusätzlich. In solchen Zeiten dürfen sich Unternehmen keine weiteren „Störfaktoren" erlauben; Sie sollten das Wohl der Fachkräfte in den Mittelpunkt ihrer zukünftigen Entscheidungen stellen. Aber trotzdem kommt es vermehrt zu psychischen Krankheiten der Arbeitnehmer. „(...)Im vergangenen Jahr war jeder Versicherte bei der AOK durchschnittlich 19,4 Tage krankgeschrieben. Damit ist der Krankenstand wie in den beiden Jahren davor konstant geblieben. Allerdings ist die Zahl der Fehltage aufgrund psychischer Erkrankungen in den vergangen zehn Jahren konstant angestiegen, zwischen 2007 und 2017 um 67,5 Prozent. Dies ist die schlechte Nachricht für die Beschäftigten. Was nun die Unternehmen nachdenklich machen sollte: diese Erkrankungen führen zu langen Ausfallzeiten(...)".[1]

Diese verursachen einen erheblichen finanziellen Schaden für das Unternehmen.

Unternehmen sollten dem entgegenwirken; Mit dem Lohn allein ist dies nicht getan, es gehört weit mehr dazu, die Motivation am Arbeitsplatz zu erhalten. Die Motivation beginnt bei der Akquisition potenzieller Mitarbeiter.

„(...)Wir brauchen mehr Aufmerksamkeit als Arbeitgeber. In vielen Ländern, darunter Deutschland, haben wir große Probleme, Leute zu finden".[2]

Die Motivation und Arbeitszufriedenheit der Arbeitnehmer herzustellen, ist ein langfristiger Prozess. Die Maßnahmen sind vielfältig und reichen von der Work-Life-Balance bis hin zur Gestaltung des Arbeitsplatzes. Das Personalmanagement sollte dabei auf die Kostenstruktur des eigenen Unternehmens Rücksicht nehmen, aber es muss auch auf die Wünsche der Mitarbeiter eingehen. Denn Wissen und Weiterbildung sind für viele Mitarbeiter ein Anreiz, um mehr Verantwortung zu übernehmen, weil damit die Sicherheit vor dem Verlust der Arbeitsstelle sinkt. Das Personalmanagement muss also sowohl dem Unternehmen wie auch den Mitarbeitern gerecht werden.

3. Motivationsprozess

„Die Motivation stellt keine Eigenschaften dar, sondern sie unterliegt starken Schwankungen und ist ein Ergebnis eines komplexen Prozesses".[3]

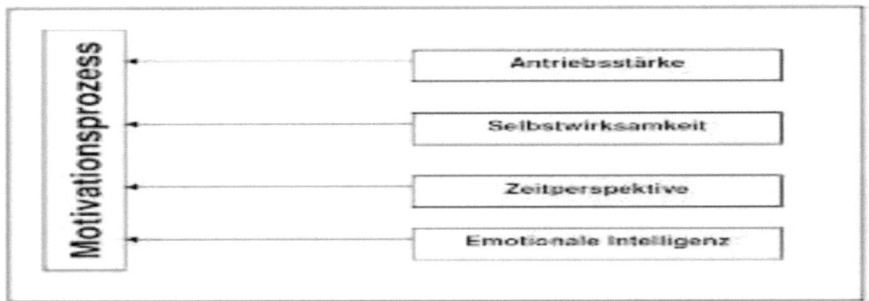

Abb. 1: Motivationsprozess[4]

---

[1] https://www.heise.de/newsticker/meldung/Psychische-Belastungen-Zu-viel-Druck-im-Job macht-schwer-krank-4277953.html
[2] Herausforderung Fachkräftemangel, v. Kathy Krüger, S. 2
[3] Prof. Dr. Antje-Britta Mörstedt, Möglichkeiten und Grenzen der Mitarbeitermotivation im Unternehmen Thesis, S.3, 16. April 2012
[4] https://www.vwa-goettingen.de/assets/media/Hellrung_Mario_Thesis.pdf

Der Motivationsprozess ist wie folgt zu verstehen:

„Durch die Antriebsstärke soll die innere Triebfeder von Menschen, die in Abhängigkeit von Anspannungen stärker oder schwächer sein können, geweckt werden.

Die Selbstwirksamkeit bedeutet, sein Leben nach eigenen Wünschen und Vorstellungen zu gestalten.

Durch die Zeitperspektive soll die Bedeutung der verschiedenen Ziele in Abhängigkeit der Lebensphasen von Mitarbeitern bestimmt werden.

Und die Emotionen sollen als innere Konstanten während des Entscheidungsfindungsprozesses dienen".[5]

Um Mitarbeiter zu motivieren, sollte man den Motivationsprozess anwenden; dabei ist es wichtig, dass die Motivationsanreize mit den persönlichen Bedürfnissen der Arbeitnehmer übereinstimmen und dem Unternehmensziel dienen. Diese Kombination kann Stressfaktoren vermeiden und Mitarbeiter motivieren. Der teure Ausfall von Mitarbeitern wird somit stark reduziert.

3.1 Begriffsdefinition Motivation

Für den Begriff Motivation sind die drei alltagspsychologischen Sichtweisen am Verbreitesten:

„Motivation ist gleich einem Verhaltensergebnis. So wird bei schlechten Arbeitsergebnissen der Mitarbeiter beispielsweise gerne von mangelnder Motivation gesprochen.

Motivation ist gleich die Beeinflussung von Verhalten. Diese Perspektive betrachtet Motivation als Einflussnahme auf Verhalten. Beispielsweise spricht jemand mit dieser Perspektive von Motivation, wenn mit einem Bonusprogramm die Leistung der Mitarbeiter oder die Loyalität von Kunden gesteigert werden soll.

Motivation ist ein inneres Potenzial, das zielgerichtetes Verhalten antreibt. Unter dieser Perspektive wird Motivation als innere Energiequelle betrachtet, die zu Verhaltensweisen antreibt".[6]

---

[5] Prof. Dr. Antje-Britta Mörstedt, Möglichkeiten und Grenzen der Mitarbeitermotivation im Unternehmen Thesis, S.4, 16. April 2012
[6] Mitarbeiter wirksam motivieren, v. Florian Becker, S. 19

Mit Motivation bezeichnet man die Beweggründe, für das Handeln eines Menschen durch Anstrengung ein angestrebtes Ziel zu erreichen.

„Motivation ist die Richtung, Intensität und Ausdauer einer Verhaltensbereitschaft hin zu oder weg von Zielen."[7]

Neben dieser Definition gibt es noch andere Definitionen für den Begriff Motivation.

Laut Graumann heißt es: „Motivation ist dasjenige in uns und um uns, was uns dazu bringt, treibt, bewegt, uns so und nicht anders zu verhalten".[8]

Motivation wird durch verschiedene Faktoren beeinflusst, wie z.B Bedürfnisse, Motive, Handlungsziele und auch Anreize. Die Unternehmen wollen durch die Motivation einen Anreiz schaffen und laut der verschiedenen Motivationstheorien wird das dadurch erreicht, indem man sich z.b der Bedürfnispyramide von Maslow bedient (siehe Abbildung 1, S.10). Wenn die Führungskräfte die Bedürfnisse der eigenen Mitarbeiter kennen, können sie genau an den Defiziten ansetzen, um Mitarbeiter zu motivieren und zufriedenzustellen. Anreize für eine Aufgabe oder eine neue Stelle können geschaffen werden, bei der die Mitarbeiter höhere Verantwortung tragen sollen.

Mitarbeiter, die motiviert handeln, sind für ein Unternehmen sehr wichtig, sie verhalten sich zuverlässig und stellen somit eine eminente Ressource für das Unternehmen dar. „Motivierte Mitarbeiter sind zuverlässig, sie erscheinen pünktlich am Arbeitsplatz, erledigen ihre Aufgaben fristgerecht und fehlerfrei, zeigen Eigeninitiative und identifizieren sich mit dem Unternehmen".[9]

3.2 Extrinsische und intrinsische Motivation

Die Motivation unterteilt sich in die extrinsische und die intrinsische Motivation. Beide Motivationsformen sind unterschiedlich, beziehen sich aber aufeinander.

Die Anreize, die von außen getätigt werden, können z.B Lob, Anerkennung, mehr Lohn sein. Bei dieser Art von Motivation spricht man von der extrinsischen Motivation. „Extrinsische Motivation für ein Verhalten stammt aus der Wirkung von Ergebnissen außerhalb des Verhaltens

---

[7] Mitarbeiter wirksam motivieren, v. Florian Becker, S. 19
[8] Motivation, v. Graumann u. Carl F., S. 28
[9] Arbeitszufriedenheit in der Zeitarbeit S. Siemund, S. 106

selbst oder der Erwartung dieser Wirkung. Diese Ergebnisse wirken dann als positive (Verstärkung) oder negative (Bestrafung) Anreize."[10]

Die intrinsische Motivation hingegen wird so definiert, dass sich der Einzelne aus eigenem Antrieb heraus motiviert. „Intrinsische Motivation für ein Verhalten stammt aus dem Erleben des Verhaltens selbst oder der Erwartung dieses Erlebens."[11]

Bei der intrinsischen Motivation werden nochmal zwei Formen unterschieden, und zwar die hedonische Präferenz und die prosoziale Präferenz.

Die hedonische Präferenz wird so definiert, dass die intrinsische Motivation individualistisch auf den eigenen Nutzen ausgerichtet ist und die Handlung als anreizend empfunden werden sollte. „Als hedonische Präferenz ist die intrinsische Motivation allein auf den eigenen Nutzen gerichtet. Im Sinne einer „vollzugsorientierten Selbstmotivation" (Schiefele 1974) wird eine Handlung selbst als lustvoll oder anregend erlebt".[12]

„Die prosoziale Präferenz zielt dagegen auf das Wohlbefinden anderer Menschen ab. Die intrinsische Motivation ist Ausdruck einer internalisierten sozialen Norm (Arbeit als Pflichterfüllung, Gehorsam, Loyalität etc.)".[13]

Die extrinsische und intrinsische Motivation begünstigen sich gegenseitig. „Ganz nach dem Motto: Doppelt wirkt besser! Nach neueren Analysen scheint dies in der Regel auch zuzutreffen (Stajkovic und Luthansa 2003; Cerasoli et al. 2014). "[14]

Die beiden Motivformen extrinsische wie auch die intrinsische Motivation zeigen, dass je nachdem durch welchen Anreiz man die Mitarbeiter motivieren will, die Herangehensweise bedacht angegangen werden sollte. Es macht wenig Sinn, einen Mitarbeiter, der seine Arbeit nur mit Widerwillen erledigt, mit einem extrinsischen Anreiz zu motivieren, denn die intrinsische Motivation ist bei dem Mitarbeiter nicht gegeben, d.h. dies würde langfristig nicht zum Erfolg führen. Eher sollte darauf geachtet werden, dass beide Motivformen aufeinander abgestimmt werden.

---

[10] Mitarbeiter wirksam motivieren, v. F. Becker, S. 141
[11] Mitarbeiter wirksam motivieren, v. F. Becker, S. 141
[12] Personalmanagement, v. Dirk Holtbrügge, S. 14 7. Auflage
[13] Personalmanagement, v. Dirk Holtbrügge, S. 14 7. Auflage
[14] Mitarbeiter wirksam motivieren, v. F. Becker, S. 148

3.3 Bedürfnispyramide nach Maslow

Die Bedürfnispyramide des Wirtschaftspsychologen Maslow versucht auszudrücken, dass jeder Mensch nach Selbstverwirklichung strebt. Diese Bedürfnispyramide kann als Orientierungshilfe verwendet werden. Um die langfristige Gewinnmaximierung eines Betriebes aufrechtzuerhalten, ist es wichtig die Mitarbeiter zufriedenzustellen.

„Zur langfristigen Gewinnmaximierung muss man den Mitarbeiterbedürfnissen Rechnung tragen, denn nur zufriedene Mitarbeiter liefern gute Arbeitsergebnisse".[15]

Die Bedürfnispyramide wird nach Mangel- und Wachstumsbedürfnissen und der Dringlichkeit, für die menschliche Existenzsicherung geordnet.

Das erste Mangelbedürfnis bezeichnet die physiologischen Grundbedürfnisse, z.B. Essen, Trinken, Atmen, Schlafen, Sex etc. Diese Instanz muss laut Maslow erfüllt werden, damit die nächsthöhere Instanz wirksam werden kann.

Die nächste Instanz sind die Sicherheitsbedürfnisse; hierzu gehören Versicherungen, die Feuerwehr und die Polizei.

Wenn diese auch befriedigt, kommt die nächste Instanz: die sozialen Bedürfnisse. Der Mensch sucht nach Zugehörigkeit zu einer Gruppe mit, erwartet Zuwendung, Liebe etc.

Nachdem auch diese befriedigt worden sind, folgt die Instanz der Wertschätzung. Die Zugehörigkeit ist in dieser Instanz nicht genug, man will auch noch Mitspracherecht haben und in einer sozialen Gruppe etwas steuern können.

Wenn auch dann das letzte Defizitbedürfnis befriedigt worden ist kann man das Wachstumsbedürfnis nach Selbstverwirklichung befriedigen. Nun wäre man laut Maslow unabhängig vom täglichen Existenzkampf und an der Spitze der Pyramide angekommen.

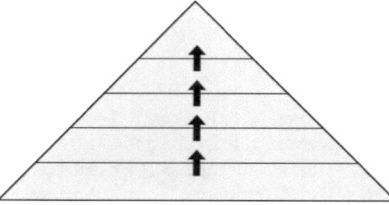

Bedürfnishierarchie

Bedürfnis nach Selbstverwirklichung
Bedürfnis nach Wertschätzung
Bedürfnis nach Zugehörigkeit
Bedürfnis nach Sicherheit
Physiologische Bedürfnisse

Abb.2: Bedürfnis Pyramide von Maslow[16]

---

[15] Einführung in die Allgemeine Betriebswirtschaft, v. Wöhe, 26. Auflage, S.138

Die Bedürfnispyramide von Maslow, so beliebt wie sie scheinen mag, ist in inzwischen durch diverse Fachleute widerlegt worden. „Schon ohne umfangreiche wissenschaftliche Studien lassen einfache Alltagsbeobachtungen Zweifel entstehen an der von Maslow angenommenen Hierarchie der Motive. Wir finden Personen, die ihre Sicherheit für Status (Selbstwert) beeinträchtigen (z.B. Mutproben), die für Selbstverwirklichung die Gesundheit riskieren (z.B. hungern für eine schlanke Figur oder riskante kosmetische Operationen für ein gewisses Aussehen) und auch Menschen, die sich im Extremfall selbst (Sicherheit) für geliebte Menschen (soziale Bedürfnisse) gefährden".[17]

Man erkennt, dass die Bedürfnisbefriedigung und die Arbeitszufriedenheit eng zusammenhängen. Unternehmen können die hierarchische Ordnung der Bedürfnisse für die Bedürfnisbefriedigung der eigenen Mitarbeiter nutzen.

3.4 Die Zwei-Faktoren-Theorie nach Herzberg

Die Theorie von Herzberg beschäftigt sich damit, welche Komponenten die Motivation fördern oder hemmen können.

Herzberg befragte die Mitarbeiter verschiedener Unternehmen, welche Ereignisse in ihrem Berufsleben sie zufrieden oder unzufrieden machten.

Nachdem alle Ergebnisse der befragten Mitarbeiter zusammengetragen worden waren, hat man eine Liste erstellt. Herzberg und sein Team sind zum Ergebnis gekommen, dass die Kategorien, welche zur Zufriedenheit und Unzufriedenheit der Mitarbeiter führten, sehr unterschiedlich sind. Hieraus haben sie dann zwei Kategorien abgeleitet, die Hygienefaktoren und die Motivatoren. Die Hygienefaktoren beziehen sich auf das Umfeld der Arbeit, und das bestimmt, ob Unzufriedenheit unter den Mitarbeitern herrscht.

„Wenn die Hygienefaktoren günstig sind, dann besteht keine Unzufriedenheit, dies bedeutet jedoch nicht, dass die Mitarbeiter zufrieden sind".[18]

---

[16] https://wirtschaftslexikon.gabler.de/definition/beduerfnishierarchie-31397
[17] https://wpgs.de/fachtexte/motivation/beduerfnispyramide-maslow-beispiele-kritik
Motivationstheorie/
[18] Mitarbeiter wirksam Motivieren, v. Florian Becker, S.58

„Die weitere Dimension sind die Motivatoren. Diese Dimension trägt zur Zufriedenheit bei, wenn die Faktoren der Hygienefaktoren optimiert wurden".[19]

Laut Herzberg ist das Gegenteil von Zufriedenheit nicht Unzufriedenheit, sondern das Ausbleiben von Zufriedenheit.

Nach Herzberg werden grob vier Zustände abgegrenzt: „1. Der Zustand der Hygienefaktoren ist schlecht, die Ausprägung der Motivatoren ist gering. In diesem Fall sind die Mitarbeiter unzufrieden und es gibt auch nichts, was sie kurzfristig motivieren könnte. Eine hohe Fluktuation, geringe Anwesenheit und geringe Arbeitsleistung sind wahrscheinlich.

2. Der Zustand der Hygienefaktoren ist schlecht, die Ausprägung der Motivatoren ist hoch. Zwar lieben die Mitarbeiter hier ihre Aufgabe und das Leistungserleben. Ein schlechtes Umfeld erstickt aber immer wieder die Freude an der Arbeit. Ineffiziente Verwaltung und Bürokratie, eine schlechte Beziehung zur Führungskraft und ein ungutes Klima im Team demotivieren.(...)

3. Der Zustand der Hygienefaktoren ist gut, die Ausprägung der Motivatoren ist gering. Die Mitarbeiter sind in einem super Umfeld, mit tollem Chef, traumhaften Kollegen und wohl organisierten Prozessen. Doch leider macht die Arbeitsaufgabe überhaupt keinen Spaß. (...)

4. Der Zustand der Hygienefaktoren ist gut, die Ausprägung der Motivatoren ist hoch. Nach Herzberg kommt erst hier nachhaltig Motivation zustande. Die Mitarbeiter finden sich in einem optimalen Umfeld wieder, sind zufrieden – und sie haben eine tolle Arbeitsaufgabe, die wirklich motiviert. (...)".[20]

Auch die Theorie von Herzberg wie die von Maslow wird kritisiert, da andere Untersuchungen zum Thema nicht das gleiche Ergebnis brachten.

„Die Theorie von Herzberg ist nicht frei von Kritik. Andere Untersuchungen kamen nicht auf das gleiche Ergebnis, außerdem kommt noch hinzu, dass Herzberg die aktuelle Situation völlig außen vor lässt".[21]

Trotz der Kritik hat sich die Zwei-Faktoren-Theorie von Herzberg bewährt. Die Zufriedenheit und die Nicht-Zufriedenheit der Arbeitnehmer sind von situativen Faktoren abhängig. Außerdem bezieht sich die Leistungsmotivation durch Motivatoren auf die Arbeitsinhalte und die Arbeitsstrukturierung. Kurzum diese Theorie besagt, dass befriedigte Motivationen zu

---

[19] Mitarbeiter wirksam Motivieren, v. Florian Becker, S.59
[20] Mitarbeiter wirksam Motivieren, v. Florian Becker, S.60 ff.
[21] Mitarbeiter wirksam Motivieren, v. Florian Becker, S.61 ff.

kurzfristiger Zufriedenheit und unbefriedigte Motivation zu Frust führen, welche Depressionen am Arbeitsplatz hervorrufen können. Durch die bedachte Anwendung der Zwei-Faktoren-Theorie, durch die bedachte Anwendung der Zwei-Faktoren-Theorie kann man die Unzufriedenheit bei den eigenen Mitarbeitern erfassen, Maßnahmen ergreifen und vorbeugend die Unzufriedenheit nicht zu einer Krankheit am Arbeitsplatz werden lassen.

3.5 Begriffsdefinition Arbeitszufriedenheit

Die Arbeitszufriedenheit stellt die Bewertung der Arbeitssituation dar, die sich z.B. aus der Gestaltung des Arbeitsplatzes, durch die Arbeitsbelastung etc. ergeben.
„Es herrscht weitgehend Einigkeit, dass Arbeitszufriedenheit die Einstellung des Mitarbeiters gegenüber seiner Arbeit insgesamt oder gegenüber einzelnen Facetten der Arbeit erfasst".[22]
Es gibt noch weitere Definitionsansätze in Bezug auf die Arbeitszufriedenheit, z.B.
der von Locke: „Arbeitszufriedenheit kann definiert werden als ein angenehmer oder positiver emotionaler Zustand, der sich aus der Bewertung des eigenen Jobs oder der Joberfahrungen ergibt".[23]   Die Arbeitszufriedenheit ist ein wichtiger Faktor für die Unternehmen, um nachhaltig ihren Unternehmenserfolg zu sichern.   Der Personalbeschaffungsprozess ist zeit- und kostenaufwändig. Es wäre fatal für Unternehmen einen Mitarbeiter zu verlieren, weil damit auch der Verlust seines in z.T. in vielen Jahren erworbenen Wissens verbunden wäre.
Die Vorgesetzten haben auf die Arbeitszufriedenheit einen großen Einfluss, es gibt zwei Möglichkeiten, wie die Vorgesetzten positiv auf die Arbeitszufriedenheit einwirken können.
Vorgesetzte können die Erwartungen der Mitarbeiter so beeinflussen, dass sie mit den Gegebenheiten der Arbeitssituation übereinstimmen, sie können die objektive Situation ändern oder die Erwartungen der Mitarbeiter in Einklang mit deren Vorstellungen zu bringen. „ Motivation eine Wechselwirkung bezeichnet, die von persönlichen Motiven in bestimmten Situationen abhängig ist. Bei der Motivation gibt geht es außerdem um einen aktivierenden Prozess mit einer richtunggebenden Tendenz"[24]

---

[22] Die Relation von Arbeitszufriedenheit und Commitent, v. Jörg Felfe und Bernd Six, S. 39
[23] Locke 1976, E. A., S. 1297-1349
[24] Prof. Dr. Antje-Britta Mörstedt, Möglichkeiten und Grenzen der Mitarbeitermotivation im

3.6 Zusammenhang zwischen Motivation und Arbeitszufriedenheit in Bezug auf die Arbeitsleistung im Unternehmen

Folgende Zusammenhänge ergeben sich zwischen Motivation und Arbeitszufriedenheit: Die Motivation und die Arbeitszufriedenheit werden als Ergebnis der arbeitsrelevanten Bedürfnisse der Mitarbeiter betrachtet.

Die Motivation und Arbeitszufriedenheit haben einen großen Einfluss auf die Arbeitsleistung am Arbeitsplatz. Dementsprechend sollten durch die Theorien von Maslow, Herzberg usw., die Motivation erfasst werden, um die Arbeitszufriedenheit zu begünstigen und die Arbeitsleistung am Arbeitsplatz zu fördern.

Um die Arbeitsleistung der Mitarbeiter voll ausschöpfen zu können, sollten Faktoren wie Arbeitsplatz, Arbeitsinhaltsgestaltung, Arbeitszeit auf die Bedürfnisse der Mitarbeiter abgestimmt werden. Die Kosten des Unternehmens sollten dabei aber nicht überstrapaziert werden.

Die Arbeitsleistung der Mitarbeiter ist ein wichtiger Indikator zur Erfassung der Arbeitszufriedenheit und der Motivation für Unternehmen.

Im Kapitel 3 wurden einige Definitionsansätze zu Motivation und Arbeitszufriedenheit aufgeführt. Bei der Motivation würde ich mich für die Definition entscheiden, dass Motivation durch Anstrengung ein angestrebtes Ziel erreicht, die Richtung sowie die Intensität beibehält.

Bei der Arbeitszufriedenheit würde ich mich für die Definition entscheiden:
„Arbeitszufriedenheit kann definiert werden als ein angenehmer oder positiver emotionaler Zustand, der sich aus der Bewertung des eigenen Jobs oder der Joberfahrungen ergibt"[25].

Für beide Definitionsansätze, für die ich mich entschieden habe, habe ich mit meinen Berufsalltag verglichen und dabei Analogien gefunden.

Unternehmen Thesis, S.4, 16. April 2012
[25] Locke 1976, E. A., S. 1297-1349

4. Handlungsempfehlungen

Unternehmen, die nicht bemerken, dass ihre Mitarbeiter zusehends durch die Menge der Arbeit und ihre Schwierigkeiten immer unzufriedener werden und im schlimmsten Fall erkranken, setzten sie sich der Gefahr aus, dass ihr Unternehmen in Konkurs geht. Meiner Ansicht nach wäre es angebracht, dass die Mitarbeiter in regelmäßigen Abständen zum eigenen Empfinden im Betrieb befragt werden. Viele Unternehmer tun dies bereits schon. Es kann aber auch eine Servicehotline eingerichtet werden, die sich ausschließlich mit den Problemen der Mitarbeiter beschäftigt. Hierbei sollten die Unternehmen keine Kosten scheuen, denn dies würde sich in Form von Ausfallzeiten bemerkbar machen. Das wiederum würde die Produktivität und damit die langfristige Existenzsicherung des jeweiligen Unternehmens gefährden.

5. Fazit

Ich habe in meiner Hausarbeit herausgearbeitet, dass die Motivation und die Arbeitszufriedenheit wichtige Konstrukte sind. Sie hängen eng zusammen und begünstigen die Arbeitsleistung von Mitarbeitern. Die Faktoren der Motivation wie auch der Arbeitszufriedenheit sind schwer quantifizierbar und können nur durch theoretische Instrumente erfasst werden. Der Unternehmer sollte die Motivations- und Arbeitszufriedenheitsdefizite erfassen und auf diese Ergebnisse adäquat eingehen. Um dies erreichen zu können braucht man eine langjährige und stabile Unternehmenskultur. Die Unternehmensziele sollten allgemeine Wertvorstellungen in die persönlichen Vorstellungen der Mitarbeiter integrieren, da eine hohe Arbeitsleistung der Mitarbeiter nur möglich ist, wenn sie mit ihrer Arbeitet zufrieden sind.

6.Literaturverzeichnis

Dirk Holtbrügge, Personalmanagement, Nürnberg, 7. Auflage, Juli 2017

Florian Becker, Mitarbeiter wirksam motivieren, 2019

Graumann u. Carl F., Motivation, Frankfurt, 1969

Jörg Felfe und Bernd Six, Die Relation von Arbeitszufriedenheit und Commitent, 2006

Krüger Kathy, Herausforderung Fachkräftemangel, Wiesbaden, 2018

Locke, E. A., S. 1297-1349, The nature and causes of job satisfaction. In: Dunette, M.D.(Hrsg.): Handbook of industrial and organisational psychology. Chicago: Consalting Psychology, 1976

Prof Dr. Börkircher, Motivation und Arbeitszufriedenheit

Stark und Maragkos, Psychische Belastungen am Arbeitsplatz, 2014

S. Siemund, Arbeitszufriedenheit in der Zeitarbeit, Freiburg 2012

Prof. Dr. Antje-Britta Mörstedt, Möglichkeiten und Grenzen der Mitarbeitermotivation im Unternehmen Thesis

Prof Dr. Börkircher, Motivation und Arbeitszufriedenheit

Work-Life Balance Erfolgversprechende Konzepte und Instrumente für Extremjobber, Heidelberg, 2010

Wöhe, Einführung in die Allgemeine Betriebswirtschaft, 26. Auflage, August, 2016

https://wpgs.de/fachtexte/motivation/beduerfnispyramide-maslow-beispiele-kritik
Motivationstheorie/
https://www.heise.de/newsticker/meldung/Psychische-Belastungen-Zu-viel-Druck-im-Job
macht-schwer-krank-4277953.html

7.Abbildungsverzeichnis

https://wirtschaftslexikon.gabler.de/definition/beduerfnishierarchie-31397

https://www.vwa-goettingen.de/assets/media/Hellrung_Mario_Thesis.pdf

BEI GRIN MACHT SICH IHR WISSEN BEZAHLT

- Wir veröffentlichen Ihre Hausarbeit, Bachelor- und Masterarbeit

- Ihr eigenes eBook und Buch - weltweit in allen wichtigen Shops

- Verdienen Sie an jedem Verkauf

Jetzt bei www.GRIN.com hochladen und kostenlos publizieren